JEANNE DE JUSSIE

ET

LES SŒURS DE SAINTE CLAIRE

PAR

JULES VUY

Ancien Président du Grand Conseil et de la Cour de Cassation
du Canton de Genève
Vice-Président de l'Institut génevois.

SOCIÉTÉ GÉNÉRALE DE LIBRAIRIE CATHOLIQUE

PARIS	BRUXELLES
VICTOR PALMÉ	J. ALBANEL
Directeur général,	Direct. de la suc.
1, RUE DES SAINTS-PÈRES, 76	29, RUE DES PAROISSIENS, 29

GENÈVE
HENRI TREMBLEY
Imprimeur-Éditeur,
4, RUE CORRATERIE, 4

1881

JEANNE DE JUSSIE

ET LES

SŒURS DE SAINTE CLAIRE

PAR

JULES VUY

Ancien Président du Grand Conseil et de la Cour de Cassation
du canton de Genève, Vice-Président de l'Institut genevois.

SOCIÉTÉ GÉNÉRALE DE LIBRAIRIE CATHOLIQUE

PARIS	BRUXELLES
VICTOR PALMÉ	**J. ALBANEL**
Directeur général	Direct. de la suc.
76, RUE DES SAINTS-PÈRES, 76	12, RUE DES PAROISSIENS, 12

GENÈVE

HENRI TREMBLEY

Libraire-Éditeur

1881

AVANT-PROPOS

Un auteur contemporain (1) a prétendu sérieusement qu'en 1535, au moment où la réformation pénétrait à Genève, sous le coup de la pression bernoise, cette ville avait à peine un collège, depuis l'année précédente, et que, dans le domaine de l'instruction publique, *il y avait tout à faire.*

De pareilles assertions et d'autres analogues sont mal fondées de tous points.

Ces notes sur Jeanne de Jussie prouveront, je l'espère, à tout lecteur impartial qu'à l'époque dont parle l'honorable publiciste, l'instruction était bien plus développée, dans la

---

(1) *Mathurin Cordier,* par E.-A. BERTHAULT. Paris, 1876, p. 29, 30.

ville du Léman, qu'il ne se plaît à le supposer; on verra même, par ce court mémoire, que, parmi les femmes élevées à
Genève *(écolières de Genève)*, il s'en trouvait
qui, au point de vue de la culture et des lettres, étaient supérieures à l'un des hommes
éminents du régime nouveau, à l'un des
réformateurs.

JEANNE DE JUSSIE

SŒURS DE SAINTE-CLAIRE DE GENÈVE

On l'a remarqué depuis longtemps ; les sœurs de Sainte-Claire de Genève, réfugiées en 1535 à Annecy, ont laissé un souvenir d'honnèteté et de courage, de conviction et de talent, qui n'a point passé inaperçu, qui a fait naître en leur faveur l'estime générale et inspiré à tous un profond respect. Les Clarisses de Genève, a dit un historien génevois, M. l'archiviste Grivel, avaient une grande réputation de pureté [2].

Au milieu d'événements graves, dans une époque pleine d'agitation et de dangers, dans un temps qui a eu ses gloires et ses dévouements, ses défaillances et

---

[1] Les sœurs de Sainte-Claire quittèrent Genève le 30 août 1535. — Suivant M. F. Turrettini : *Les Archives de Genève*, 1878, p. 131, elles portèrent plainte au Conseil, le 25 octobre 1535, au sujet des dévastations commises dans leur église, c'est le 25 *octobre* 1534 qu'il faut lire. — A.-L. Herminjard (*Correspondance des Réformateurs*. Tome III, p. 222, 1870.)

[2] *Levain du Calvinisme*. Edition de 1865, p. 275.

ses turpitudes, ces pauvres femmes ont fait preuve d'une vaillance si grande, elles ont su être si fortes dans leur faiblesse même, que leur nom est venu jusqu'à nous, entouré d'une auréole toute particulière, et qu'il est encore souvent question d'elles.

Cette appréciation bienveillante se justifie de tous points, elle se manifeste dans les cercles les plus divers et ne pouvait rencontrer de contradicteurs sérieux.

Il faut bien le dire : c'est à l'une d'elles, à l'une des plus jeunes, Jeanne de Jussie, que nous sommes redevables d'un des ouvrages les meilleurs, les mieux écrits, d'une des sources les plus abondantes, les plus sûres de l'histoire de Genève, dans le XVIᵉ siècle. « On peut lui prêter créance pour la plupart des faits « de l'ordre naturel qu'elle consigne dans sa narra- « tion, ainsi s'exprime un ministre de Genève, M. le « professeur Albert Rilliet. Ce sont ces faits naïve- « ment racontés qui donnent du charme et du prix au « livre de la jeune religieuse de Sainte-Claire. »

— Et ailleurs : « Pour la période très courte dont « il traite, ce livre peut, en effet, tenir une des prin- « cipales places parmi les témoignages authentiques « et contemporains [1]. »

C'est Jeanne de Jussie qui tenait la plume dans le monastère avant la *douloureuse departie* [2] des sœurs de la ville où Rousseau devait naître, où Adémar Fabri, l'évêque patriote, avait promulgué des franchises à jamais célèbres ; c'est elle qui, dans le difficile

---

[1] ALBERT RILLIET. *Notice sur Jeanne de Jussie.* Genève, 1866, p. 13, 15, 18.

[2] *Levain du Calvinisme,* p. 200.

trajet de Genève à Annecy, fort éprouvée par la fièvre
et sortant d'une maladie mortelle, ainsi qu'elle nous
l'apprend [1], raconta à la duchesse Béatrix de Portugal
toutes les vicissitudes des sœurs de Sainte-Claire ; c'est
elle qui raconta aussi, pour ses compagnes dans la
solitude, en un récit naïf, pittoresque, extrêmement
remarquable, et qui n'était destiné en aucune manière
à la publicité, quelques-uns des violents orages dont
fut battue alors la petite et fragile barque de Sainte-
Claire. Il aurait fallu, d'après elle-même, *des rames
de papier* pour tout dire, et c'est un bien modeste
volume que le *Levain du Calvinisme* de Jeanne de
Jussie, cette œuvre d'un grand mérite, « tirée de
dessus le mestier d'une femme [2], » cette œuvre, avec
raison, si recherchée de nos jours, si hautement ap-
préciée.

« Et nous, pauvres Religieuses, dit Jeanne de Jussie,
« en parlant des événements de Genève, avons porté
« nostre part de ces afflictions, et ne pouvions porter
« armes de fer, mais nous portions les armes d'espe-
« rance et le bouclier de la Foy [3] : et promets que je n'ay
« escrit chose dont je ne sois informée à la vérité, et
« *n'en écris pas la dixiesme partie :* mais seule-
« ment bien peu du principal, pour le tenir en me-
« moire, afin que, le temps advenir, ceux qui souffri-
« ront pour l'amour de Dieu en ce monde, sçachent

---

[1] *Levain du Calvinisme.* Édition de Geoffroy Dufour, Chambéry (sans
date), p. 200, 201. Je citerai d'ordinaire cette vieille édition. On pourra
ainsi comparer son texte à celui des réimpressions de Genève.

[2] *L'imprimeur au lecteur* (*Levain du Calvinisme.*)

[3] Dans ces expressions, on reconnaît aisément le style d'une personne
de noblesse, d'une personne qui n'est point étrangère à la féodalité.

« que nos predecesseurs ont souffert avant que nous, et
« nous après, et tousours de degré en degré, à l'exem-
« ple de nostre Seigneur et Rédempteur Jesus-Christ,
« qui a souffert le premier, et plus [1]. »

Elle ajoute dans une autre partie de son ouvrage :
« Tout ce jour fut employé en peine et regret inesti-
« mable, et n'est pas possible d'escrire la quatriesme
« partie des injures et menaces qui leur disoient [2] ; »
« mais leur courage ne pliait pas, « on aurait amolli
« plus facilement une enclume d'orfevre qu'aucune
« d'elles [3]. »

Publiée en Savoie, à plus d'une reprise, dans le
XVIIe siècle, avec des intentions essentiellement sa-
voisiennes et catholiques, reproduite, dès lors, non
sans quelques légères modifications par un historien
connu, Saint-Réal, cette œuvre a été deux fois, depuis moins de trente ans. réimprimée à Genève par
des auteurs protestants ; l'une de ces éditions récentes
est épuisée, l'autre près de l'être. Quant aux éditions
plus anciennes, elles sont excessivement rares.

Par son importance, sous divers rapports, le livre
de Jeanne de Jussie a donné lieu à plus d'un commentaire, et certes il le méritait bien ; il rappelle involon-
tairement ces paroles de La Bruyère : « Quand une
« lecture vous élève l'esprit et qu'elle vous inspire des
« sentiments nobles et courageux, ne cherchez pas
« une autre règle pour juger de l'ouvrage, il est bon
« et fait de main d'ouvrier. »

---

[1] *Levain du Calvinisme*, p. 72.
[2] *Id.*, p. 166.
[3] *Id.*, p. 178.

Au nombre des questions que ce livre fait naître, il en est une qui a une portée assez grande ; elle a trait à l'histoire de l'instruction publique dans nos contrées et il convient peut-être de l'examiner la première. A bien des égards, l'histoire de l'instruction publique est celle de la civilisation elle-même, dans un pays.

Le *Levain du Calvinisme* parle, à diverses reprises, de deux religieuses *de la ville* (de Genève) et de *celles qui y avoient esté à l'escole* [1].

Celles de la ville y demeureront, porte une des pages de ce livre, *et celles qui y ont esté escolieres;* au nombre de ces dernières était Jeanne de Jussie. Les Génevois qui, sous la pression bernoise, avaient adopté, dans le XVIe siècle, les nouvelles idées religieuses, annonçaient à Jeanne de Jussie *qu'ils ne la delaisseroient pas, à cause qu'elle avoit esté leur escoliere, qu'elle estoit leur circonvoisine, et qu'ils l'aimoient autant que celles de la ville.*

Il est donc clairement établi, et on doit tenir pour constant que Jeanne de Jussie avait été élevée à Genève dans une école où se formaient, on peut l'affirmer sans crainte, de grandes convictions et de grands courages ; il est certain qu'elle y était fort connue, qu'elle connaissait elle-même bien Genève et qu'elle appartenait à une famille domiciliée dans les environs de cette ville ; son livre renferme des renseignements historiques précieux qui paraissent généralement puisés à une bonne source, qui sont toujours très

---

[1] *Levain du Calvinisme*, p. 131, 160, 163, etc.

exacts et, pour certains points, se trouvent être les seuls que l'on possède sur cette époque orageuse.

Le *Levain du Calvinisme* nous fournit l'indication de beaucoup de faits utiles pour l'histoire ; l'auteur nous raconte, entre autres, qu'en 1529, le jour du mercredi saint, une nombreuse *compagnie* de gentilshommes se réunit au château de Gaillard, « cons- « pirant contr' eux *(sic)* de vouloir secrettement de « nuict escheller la ville [1] » ; cette escalade devait avoir lieu à deux heures du matin.

Les gentilshommes n'y renoncèrent qu'avec peine et sur l'expresse défense de monseigneur.

Cette manière déloyale d'attaquer une ville était tout à fait dans l'esprit du temps ; Genève la pra- tiqua plus d'une fois elle-même. C'est ainsi, pour n'en citer qu'un exemple, que, vers la fin du XVIᵉ siècle, La Roche, ville précédemment alliée de Genève et patrie d'Adémar Fabri, fut escala- dée par surprise, pendant la nuit, et pillée par les Génevois.

Il y aurait une véritable histoire à faire sur les *escalades* qui ont réussi et sur celles qui ont échoué dans nos contrées.

— Tout indique que Jeanne de Jussie était bien au courant des mœurs de la ville du Léman, de ses souve- nirs, de son histoire, qu'elle avait eu et qu'elle avait, avec des dames génevoises, des rapports suivis dont sa narration nous laisse entrevoir la bienveillance. Elle était au nombre des cinq à six jeunes dames qui, avant

---

[1] *Levain du Calvinisme,* p. 6.

d'entrer dans le monastère de Sainte-Claire, *avoient demeuré en ville.*

On s'aperçoit sans peine, en la lisant, qu'elle et ses compagnes aimaient beaucoup Genève, on ne s'étonne point qu'elles aient emporté avec elles et en quelque sorte nourri dans leur exil ce sentiment de haute charité ; on comprend mieux les humbles quêteuses d'Annecy, *réfugiées de Genève*, se rendant, en plein XVIIIe siècle, auprès des magistrats calvinistes et recevant d'eux un bon accueil et de petits secours.

Des appréciations très-favorables ont été émises par divers écrivains, notamment par des écrivains génevois, sur le livre de Jeanne de Jussie. Les uns ont déclaré sans détour que c'est *un vrai chef-d'œuvre littéraire;* qu'il me soit permis, sans en citer plusieurs autres, de joindre, à ce jugement très-significatif, le passage suivant d'une brochure déjà citée tout à l'heure. Il a trait au talent littéraire de cette religieuse.

« Fille d'esprit, Jeanne de Jussie possède l'art de
« donner aux personnages qu'elle met en scène et aux
« incidents qu'elle décrit une physionomie pleine de
« relief et de réalité ; elle fait, sans y viser, des por-
« traits tout remplis de vie, et elle arrive, par la seule
« naïveté de son récit, à des effets pittoresques qu'elle
« n'a point cherchés. Sauf certaines erreurs de chro-
« nologie (parmi lesquelles il en est de trop grossières
« pour qu'elles puissent être mises à sa charge), elle
« est d'accord dans l'énoncé, sinon dans l'appréciation
« des faits, avec les documents et les relations de la
« même époque, spécialement avec les registres du
« Conseil, le Journal du syndic Balard et les Chroniques

« de *Fromment. La comparaison entre sa nar-*
« *ration et celle de ce dernier historiographe nous*
« *paraît, du point de vue littéraire, tout à l'avan-*
« *tage de la plume féminine* [1]. »

J'ai souligné à dessein cette dernière phrase et je
ne poursuivrai point la comparaison entre Jeanne de
Jussie et Fromment qui fut, on le sait, l'un des réformateurs génevois, comparaison qui serait, à d'autres
égards, pleinement en faveur de la fille de Sainte-
Claire. Il me suffit de constater ici que, d'après M. le
ministre et professeur Rilliet-de Candolle lui-même,
la religieuse Clarisse est, au point de vue littéraire,
supérieure au réformateur Fromment.

Ce jugement sera, sans aucun doute, confirmé par
tous ceux qui feront une étude attentive et impartiale
des œuvres de ces deux personnages; la comparaison
est d'autant plus intéressante qu'il s'agit de deux
contemporains écrivant, à des points de vue opposés,
sur les mêmes faits, sur la même époque.

Cette étude est plus curieuse encore si l'on tient
compte de l'état de décadence dans lequel tombèrent
les lettres, à Genève, après la réformation, au dire
d'hommes compétents. Les trois professeurs de Stras-
bourg, éditeurs des œuvres de Calvin, très-sympathi-
ques à Genève et hautement appréciés par la *France
protestante* [2], nous apprennent en effet, à propos des
procès-verbaux du Conseil calviniste, que *le style et
l'orthographe en sont également détestables;* ils
s'expriment plus sévèrement encore sur les registres

---

[1] ALBERT RILLIET. *Notice sur Jeanne de Jussie*, p. 16 et 17.
[2] Deuxième édition. Tome II, p. 776.

du Consistoire et parlent de *l'affreux griffonnage du secrétaire* [1]. Je n'ajoute rien à leur appréciation.

On possède une série de renseignements divers sur les écoles d'hommes dans Genève, antérieurement à l'année 1535; l'instruction y était fort répandue. Il n'est pas inutile de rappeler qu'elle était gratuite, à tous les degrés, dans le collége de la ville qui comprenait à la fois un collége proprement dit et une académie. Bonivard [2], peu favorable dans ses écrits à la Genève catholique, s'étonne *du grand nombre de savants qu'elle renfermait depuis plus de cent vingt ans,* avant qu'il y arrivât. Ceux qui ont étudié de près cette question importante rendent témoignage au grand développement de l'instruction publique avant l'année 1535. Il suffit de citer l'opinion de MM. Galiffe père et fils, parmi les historiens connus, et celle de M. James Fazy, parmi les hommes d'Etat. J'ai publié moi-même dans les *Mémoires de l'Institut national génevois* (XIIe volume), le texte latin de la fondation du vieux collége de Genève, monument précieux des principes qui présidaient à l'instruction publique, dans le XVe siècle, de l'intérêt qu'on lui portait et des sacrifices considérables que faisaient pour elle de simples citoyens. Ce côté de la question, qui pourrait être examiné de plus près encore, est déjà plus ou moins élucidé, et il ne rentre point dans mon sujet de m'en occuper spécialement ici, je ne fais que l'indiquer en passant.

La question se présente sous une autre face très

---

[1] *Œuvres de Calvin*, Tome XXI, p. 186, 187.
[2] *Advis et devis des langues.* Genève, 1865, p. 7, 23.

intéressante également. Quel était l'état de l'instruction publique, dans Genève, avant 1535, en ce qui concernait les femmes, les jeunes filles? Y avait-il pour elles un enseignement spécial ou bien cette partie de l'enseignement, beaucoup moins répandue alors que de nos jours, n'existait-elle pas? Si elle existait, quelle était-elle? Qui la donnait? Les documents directs, qui n'abondent pas pour les écoles d'hommes, comme nous pourrions le désirer, nous font, pour ainsi dire, sur ce point particulier, presque complètement défaut. Sous ce rapport aussi, le livre de Jeanne de Jusssie est un livre extrêmement utile, et il nous permet de combler, en faible partie du moins, cette lacune des plus regrettables.

Oui, il y avait alors une école pour la jeunesse féminine dans Genève, et cette école avait eu pour élèves quelques-unes des religieuses du couvent de Sainte-Claire; plusieurs passages du livre de Jeanne de Jussie le prouvent nettement, elle-même était de ce nombre. Il se formait donc, dans cette école, des élèves d'un vrai mérite; l'exemple seul de cette femme distinguée, *écoliere de Genève*, est un exemple saillant. Le jugement porté par M. Albert Rilliet, dans la comparaison qu'il fait entre la religieuse de Sainte-Claire et l'un des hommes éminents du parti novateur, est plus significatif à cet égard que ce que je pourrais dire; je m'abstiens donc de tout commentaire.

Mais quelle était cette école? Rien ne nous indique qu'elle fût, pour parler le langage moderne, une école municipale proprement dite. Au surplus, la distinction si accentuée, de nos jours, dans certaines contrées,

entre les écoles laïques et celles qui ne le sont pas,
était absolument inconnue dans le XVIᵉ siècle; en se
reportant aux idées de l'époque, on peut, sans trop de
hardiesse, présumer que cette école était dans un monastère. A défaut de documents directs, il serait toutefois téméraire, soit de l'affirmer, soit de le nier d'une
manière absolue.

Or, il n'y avait à Genève, antérieurement à la Réformation, qu'un seul monastère de femmes, celui de
Sainte-Claire : c'est une des causes sans doute qui
tendent à nous expliquer le profond regret que fit
naître dans Genève le départ de Jeanne de Jussie et
de ses compagnes, ainsi que les efforts redoublés que
firent les syndics pour les retenir, efforts qui furent
inutiles, comme le remarque très justement le docteur
Chaponnière [1]. Sous ce rapport, en effet, c'était pour
Genève une perte irréparable ; il fallut des années et
des générations pour y porter plus ou moins remède. —
Depuis un certain temps déjà, les sœurs de Sainte-
Claire, qui ne pouvaient plus exercer leur culte en
paix et subissaient des menaces, des violences sans
cesse renaissantes, de plus en plus graves, avaient
la ferme intention de s'éloigner de Genève ; toutes
les démarches des magistrats, pour les engager à
prendre un autre parti, demeurèrent sans résultat [2] ;
elles voulaient avant tout *sauver leurs âmes*. Les
promesses et les menaces ne parvinrent pas à changer

---

[1] *Mémoires de la Société d'histoire de Genève.* Tome X, Introduction,
p. LXI.

[2] *Registres du Conseil,* 27 août 1535. — *Levain du Calvinisme.* Edition
de 1865, p. 164, 165.

leur détermination. Elles se présentèrent aux novateurs comme une haie impénétrable, et rien ne put amollir la vigueur de leur courage. Les novateurs eurent beau faire, elles demeurèrent inébranlables ; ils perdirent leur peine ; *autant auroit valu,* suivant l'expression de Jeanne de Jussie, *battre la mer pour en faire du beurre.*

Il ne faut peut-être pas trop s'étonner de rencontrer dans les religieuses de Sainte-Claire, des femmes énergiques, d'un vrai mérite et d'une remarquable distinction ; la plupart d'entre elles étaient de famille noble et quelques-unes de très haute naissance. *Mère vicaire,* qui joua un grand rôle par son énergie, son courage et sa fermeté, appartenait à l'illustre maison du baron de Viry [1] ; comme ses compagnes, elle eut à subir bien des injures, bien des menaces ; elle fut en particulier, souvent menacée de la prison, comme criminelle ; mais *ils n'osèrent le faire,* dit Jeanne de Jussie, *à cause de sa parenté* [2]. On conçoit que de pareilles femmes vouées à l'humilité, à l'abnégation du cloître, pussent faire d'excellentes institutrices ; le *Levain du Calvinisme* n'est-il pas dû à l'une de leurs élèves ? Et quelles autres institutrices eût-on pu trouver alors ?

———

Qu'était Jeanne de Jussie ? On se l'est demandé plus

---

[1] *Levain du Calvinisme,* p. 201. — Deux autres étaient proches parentes du baron de Saienove. P. 206. « *Pour ce qu'elles sont toutes gentilles femmes.* » P. 162.

[2] *Id.,* p. 134. « Ils doutoient, disant elle est de trop grande parenté, « et pourroit estre cause de quelque grande esmotion contre la ville. »

d'une fois ; quelques écrivains ont paru croire qu'elle appartenait à une famille gènevoise, qui adopta les nouvelles idées religieuses et tomba plus ou moins dans la misère avant le milieu du xvie siècle. Cette manière de voir est loin d'être établie.

Je ne suis pas de votre ville, dit-elle elle-même aux magistrats gènevois, et je n'en voudrais pas être. Sa tante avait épousé le frère de Guillaume Pellicier auquel elle avait donné le titre d'oncle, quoiqu'il n'y eût pas réellement parenté entre eux. « Le seigneur « Guillaume Pellicier estoit mon oncle, ainsi s'expri- « me-t-elle, pendant qu'il a esté homme de bien, mais « puisqu'il a changé de loy, j'aurois honte de dire « qu'il fut mon oncle, et si ma tante a espousé son dit « frère, ce n'est pas parentage.

« J'ay encore ma très-honorée Mere, femme d'hon- « neur, de bonne renommée, et des frères aussi à qui « je dois honneur et obeyssance [1]. »

Si on compare ces passages et d'autres empruntés au *Levain du Calvinisme*, on peut en conclure que sa famille, qui n'était point de Genève, mais *circon- voisine*, c'est-à-dire, des environs de Genève, n'avait pas accepté les idées nouvelles ; sans quoi, avec ses convictions profondes, avec la franchise et la loyauté qui la distinguent, elle se serait exprimée autrement. Fidèle à son drapeau, elle n'admettait pas des tran- sactions de conscience, elle demeurait ferme et iné- branlable dans ses convictions, au milieu des périls auxquels elle était exposée.

---

[1] *Levain du Calvinisme*, p. 163, 164.

Ce courage est d'autant plus remarquable que les sœurs de Sainte-Claire vivaient dans des temps difficiles, troublés, pleins de dangers. On n'apercevait autour de Genève « qu'églises et châteaux en flammes. » — « Combien que l'air fût beau et clair, dit Jeanne de Jussie, néanmoins il étoit offusqué par la grande fumée. » Elles avaient vu en effet les Bernois se jeter sur Genève, et, pour employer les propres termes d'un de leurs chroniqueurs, *élever les châteaux au ciel.*

Les impitoyables descendants des *Allemanni* brûlaient les *livres de parchemin*, brisaient les tableaux, les statues, les sculptures, et promenaient partout la terreur sur leurs pas. A Bellerive, après avoir tout pillé et tout emporté, jusqu'aux cloches de l'église, dont l'une est encore dans les tours de Saint-Pierre de Genève, ils mirent le feu au monastère. De leur jardin, les sœurs de Sainte-Claire étaient témoins de l'incendie qui dévorait la demeure des *Dames de Citeaux, elles n'en attendoient pas moins.* Aussi « vivoient les pauvres sœurs en grande crainte et « subjestion, *Dieu le sait.* »; mais leur courage ne faiblissait pas.

Quant à Jeanne de Jussie, lorsqu'elle avait pris une résolution, elle savait la maintenir et l'exécuter. « Ja- « mais n'ay désiré autre mary que d'estre espouse à « mon Dieu, à qui j'ay donné, s'écrie-t-elle, et donne « ma foy, et tout le courage de ma pensée, et tout ce « que j'ay en ce monde et aussi tous les tourments ne « me feront dire au contraire [1]. »

---

[1] *Levain du Calvinisme*, p. 163 et suivantes.

Si Guillaume Pellécier n'était pas proprement son parent, peut-être en avait-elle d'autres dans la ville [1]. En tout cas, ils ne firent pas preuve de générosité envers elle, ni de courage, à l'heure de son départ ; à cette heure ardue et difficile, aucun parent, aucun ami ne fut présent pour l'accompagner et la défendre au besoin [2].

Le départ dut être précipité ; il ne fallut pas moins, d'ailleurs, de trois cents archers et de l'intervention active des magistrats, pour protéger les sœurs de Sainte-Claire et leur permettre d'atteindre le pont de l'Arve, à l'extrémité des franchises gènevoises. Au-delà de ce pont, habitait un maître d'hôtel, nommé Burdet, *grand homme de bien*, qui vint au-devant d'elles, et les fit *entrer sûrement en sa maison*. Il ne voulut point les laisser sortir *sans reconforter les pauvres sœurs tant désolées*. Il donna à chacune d'elles, « une miche de pain blanc et de bon fromage, et un bon verre de vin, du meilleur qu'il avoit ; » dans le très-petit nombre de ceux qui leurs prêtèrent secours, en ce moment critique, figurait *un jeune garçon* dont le nom a acquis quelque célébrité de nos jours, le fils « du sire Ami de la Rive, apothicaire, qui soutenoit par-dessous le bras une pauvre malade [3]. » Si, comme le dit Bossuet, « pour être vrai chrétien, *il faut sentir*

---

[1] *Levain du Calvinisme*, p. 160.

[2] *Id*, « En cette sortie les pauvres sœurs n'avoient aucuns parents ni « amis quelconques, ny reconfort qu'en Dieu seul et en un pauvre convers « nommé frère Nicolas des Arna x, qui estoit encore tout malade qu'il ne « se pouvoit soutenir. » P. 191.

[3] *Id.*, p. 196. — La femme d'Ami de la Rive, notable bourgeoise, était de celles qui consolaient les sœurs dans leurs tribulations. Ami de la Rive était l'apothicaire du couvent.

qu'on est voyageur, » les sœurs de Sainte-Claire ne
le sentirent que trop.

Jeanne de Jussie avait dans le monastère une tante,
Guillaume de Villette, qui rappelle une famille illustre,
la famille de Chevron-Villette ; est-ce peut-être Guil-
lelmine de Villette [1], dont parle M. le comte Amédée
de Foras, dans son bel *Armorial et Nobiliaire de
Savoie* [2] ?

On a cru, jusqu'à ces derniers temps, et il était généralement admis que Jeanne de Jussie, qui devint
plus tard abbesse du couvent de Sainte-Claire, réfugié
à Annecy, avait atteint les limites d'une extrême
vieillesse ; le registre officiel des décès qui eurent lieu
dans ce couvent prouve au contraire qu'elle mourut
dans un âge moins avancé qu'on ne le supposait, à
l'âge de cinquante-huit ans.

D'où était-elle originaire? Il y a dans les environs
de Genève plusieurs villages qui portent le nom de
Jussy : Jussy dans la commune de Beaumont, au pied
du Salève, du côté de Genève ; Jussy qui a conservé
dans la république de Genève le nom de *Jussy-l'Evêque*; Jussy, près de Regny, Jussy dans la commune
d'Andilly, sur la pente méridionale du mont de Sion.
On paraît croire généralement qu'elle était originaire
de Jussy-l'Evèque; ce point fût-il historiquement
établi, officiellement prouvé, il n'en résulterait pas
qu'elle appartînt à la famille calviniste qui a sombré
dans le xvie siècle et à laquelle font allusion quelques
auteurs. Jussy-l'Evêque, le seul de ces villages dont

[1] *Levain du Calvinisme,* p. 190.
[2] Tome II, p. 21.

le nom rappelle une origine catholique, fait partie
actuellement du canton de Genève.

Si on se reporte, un instant, à la première moitié
du xvie siècle et aux idées qui avaient cours à cette
époque, le *Levain du Calvinisme* suppose un développement intellectuel bien plus grand qu'on ne pourrait le présumer au premier abord ; il est très remarquable à un point de vue plus général, à celui de la
civilisation. Là où n'ont point dominé les belles-lettres,
a dit récemment un illustre membre de l'Académie
française, il peut y avoir une instruction étendue, il
n'y a pas de véritable éducation.

Qu'il me soit permis de le prouver, pour Jeanne de
Jussie, par un ou deux exemples.

Un auteur éminent de notre âge, M. Alexis de Tocqueville, a fait dans son bel ouvrage sur la *Démocratie
en Amérique*, une curieuse et perspicace observation.
Suivant lui, lorsque la société est divisée en castes ou
en classes ayant des droits différents, plus ou moins
opposés, on ne se comprend guère réciproquement ;
le sentiment de commisération et de sympathie, qui est
en définitive une des formes de la charité, ne s'étend
pas, d'une classe à l'autre. M. de Tocqueville l'établit
par un exemple saillant.

Il nous représente Madame de Sévigné, douce et
humaine, excessivement sensible à l'endroit de sa fille
et parlant toutefois avec une cruauté révoltante, une
amère et sanglante ironie, des supplices atroces infli-

gés à quelques malheureux qui, pour des questions
d'impôt, s'étaient révoltés en Bretagne ; il explique
ce fait par la raison que j'ai rappelée tout à l'heure.

Dans Jeanne de Jussie, ce sentiment de bienveillance
et de charité se produit, à chaque instant, d'une manière naturélle, touchante et qui n'a rien d'exclusif ;
celui qui voudrait compter combien de fois le mot
pauvre se rencontre dans son petit volume en éprou-
verait quelque surprise (*pauvre peuple, pauvre
monde, pauvres gens, pauvre désolée, pauvre jeune
fille, pauvre ville*, etc., etc.) ; c'est du *pauvre couvent* de madame Sainte-Claire qu'est adressée au
Conseil de Genève la supplique du 25 octobre 1534.

Ce qui est plus frappant encore, c'est que, malgré
ses convictions catholiques profondes, inébranlables,
peut-être même à cause de ses convictions, elle éprouve
et manifeste le même sentiment de bienveillance, de
pitié, à l'égard des hérétiques qu'elle blâme d'une manière absolue, du fond du cœur, dont elle condamne et
réprouve sans détour les idées religieuses. Elle ne
voulait en effet, comme elle le dit elle-même, *aucune
innovation de foi ni de loi* [1] et elle ne transigeait
en rien, avec personne, sur tout ce qui, de près ou de
loin, touchait au domaine intime de sa conscience ;
c'est ainsi qu'elle parle de *cette pauvre apostate* [2], *de
ces pauvres dévoyés à la voie du salut* [3] qu'elle voudrait remettre *à la voie de vérité*. Elle éprouve pour
eux une véritable commisération ; elle traduit et re-

---

[1] *Levain du Calvinisme*, p. 13.
[2] *Id.*, p. 131, 132.
[3] *Id.*, p 56.

flète, dans son style, avec aisance et naturel, comme coulant de leur source, ces sentiments élevés qui, il faut l'avouer, n'étaient pas dans l'esprit de son temps.

Ses convictions profondes s'alliaient admirablement à une grande charité chrétienne ; elle se montrait ainsi fort supérieure à ses contemporains.

Elle le prouve bien, en parlant du seigneur de Thorens, le même dont il est beaucoup question dans l'histoire de la famille de Sales. *Allié à ceux de Genève* et *l'un des principaux de l'hérésie*, il était en grande relation avec les Bernois. A la suite d'une procédure dirigée contre lui par le comte de Genevois, *ses terres et seigneuries* furent confisquées. Jeanne de Jussie, qui nous l'apprend, ajoute de suite : *Ce pauvre converti |fut dénué de tous ses biens*. En quelques mots qui partent du cœur, elle plaint ainsi le malheur d'un des plus violents adversaires de sa propre foi. Vous ne trouverez pas facilement beaucoup d'exemples pareils dans les écrivains du xvie siècle. — C'est ce Philibert de Compey, seigneur de Thorens, qu'un historien génevois, nous représente, sous le nom de Philibert de Compey, comme un catholique et un drôle, sous le nom de seigneur de Thorens, comme un huguenot et un très digne homme, faisant de lui deux personnages contradictoires, en guerre civile l'un contre l'autre. Ajoutons que le seigneur de Thorens désavoua sa vie à la dernière heure et mourut dans la foi de ses pères.

Il serait facile d'étudier plus en détail encore cette face du caractère de Jeanne de Jussie.

Les supplices infligés aux condamnés à mort et à d'autres, étaient, à cette époque, presque constamment,

d'une rigueur excessive, odieuse; sous le régime calviniste, ils atteignirent un degré de cruauté encore
plus terrible. Un tel spectacle fréquemment prodigué
en public, passait, pour ainsi dire, inaperçu aux yeux
de la population. Nul n'en était surpris, nul ne s'in-
dignait de voir des infortunés qu'on traînait dans les
rues, auxquels on arrachait sans cesse, dans cette
lugubre promenade, de gros lambeaux de chair. Un
spectacle pareil révoltait au contraire Jeanne de
Jussie. Elle nous parle d'hommes « deffaits et en cha-
« cune rue pincez, puis avec un grand crochet de fer
« ardent, on leur arrachoit une grande piece de chair,
« *qui estoit chose piteuse à voir* [1]. »

Son âme entière se reflète dans ces paroles; en elle
s'éveillait une sympathie compatissante, on constate
en elle des sentiments plus humains, une civilisation
plus haute qui fait honneur à cette école de la Genève
épiscopale dans laquelle elle avait été élevée.

Ecoutez-la, par exemple, parler de Jacques Mal-
buisson, riche marchand de Genève, le plus bel homme
de la ville et que ses croyances religieuses conduisaient
à l'échafaud, à l'âge de trente ans. Voyez-le au moment
où on va le décapiter sur la place du Molard; sa *pauvre*
femme veut l'accompagner jusqu'au dernier moment
et on la repousse avec dureté, on la traitant d'*ivrogne*
et de *folle enragée*. Quant à lui, il s'adresse au peuple
de Genève, à cet instant suprême, *lorsqu'il s'en va
mourir pour l'amour de son Dieu:* « Si j'eusse voulu
« estre Evangéliste, je ne mourrois pas encore [2]. »

---

[1] *Levain du Calvinisme*, p. 27.
[2] *Id.*, p. 93 et suivantes.

Quel tableau, quelle sympathie, quelle charité ! On croirait assister à cette triste scène elle-même ; il y a là, comme dans bien des pages de ce livre, une touchante pitié chrétienne qui ressort, comme en relief, et un véritable talent d'écrivain.

—

Si l'on étudie, à un point de vue différent, l'œuvre de Jeanne de Jussie, on arrive à une appréciation semblable ; par une autre voie, on atteint le même résultat.

On sait combien la révolution du xvi⁰ siècle, à Genève, a été barbare et sauvage dans le domaine de la peinture, de la sculpture, et, en général, des arts et des beaux-arts. Les novateurs ont été, dans toute la force du terme, des iconoclastes. Dans ce domaine excellent, qui élève l'âme, qui éveille en nous des idées généreuses, qui fait partie aujourd'hui d'une éducation soignée et choisie, ils ont, avec une ignorante brutalité, absolument tout saccagé, tout détruit. C'est à eux que nous devons des pertes irréparables et qu'on ne saurait trop regretter.

Avant la réformation, Genève possédait de véritables richesses artistiques ; rien n'est resté debout, rien n'a été épargné, et à peine en trouvons-nous çà et là quelques traces. Sous ce rapport aussi, Jeanne de Jussie est une femme très supérieure à son temps. A lire attentivement son ouvrage, on s'aperçoit sans peine qu'il y avait en elle une grande culture, au point de vue des beaux-arts. Son livre contient une série de

tableaux pleins de vie qui semblent se dérouler sous
nos yeux, il y a là comme l'œuvre d'un peintre ; en
affirmant que, dans ce domaine également, c'était une
femme d'un vrai mérite, d'une réelle valeur, on ne
s'aventure pas. Chaque page de son volume le prouve,
son style a un cachet tout particulier dont le vanda-
lisme outré de ses contemporains fait mieux ressortir
l'importance. Ainsi s'explique l'admiration que des
artistes calvinistes ont témoignée pour son œuvre.
Avec elle et ses compagnes, une branche essen-
tielle de la civilisation périssait pour longtemps dans
Genève [1].

> .... Malheur au cœur matériel,
> Qui, tout à ses calculs, appelle une chimère,
> La douceur de Virgile et la grandeur d'Homère ;
> Mais, aux plus mauvais jours, l'esprit garde à l'écart
> Des serviteurs de Dieu, des fidèles à l'art :
> La prière fervente ou le chant les convie,
> Et les plaisirs de l'âme ennoblissent leur vie.

Que de scènes écrites de main de maître dans ce
petit volume ! Il faudrait, pour les reproduire, donner à
ce mémoire une longueur exagérée ; il vaut mieux ren-
voyer à l'ouvrage lui-même. Nous en indiquons en note
seulement quelques unes [2] ; cette indication, avouons-le

---

[1] « La Rome protestante, sous le régime sévère de Calvin, cette ville
« dont le peuple fut iconoclaste au début de la Réforme, a dû voir les
« beaux-arts en souffrance et les artistes s'éloigner d'elle pour chercher
« ailleurs des encouragements que Genève réformée ne pouvait plus leur
« offrir. » *Renseignements sur les beaux-arts à Genève*, par J.-J. RIGAUD,
ancien syndic. (Genève 1876, p. 71.)

[2] *Levain du Calvinisme*. Voir en particulier p. 55, 59, 80 et suivantes,
154, 160, 172, 188.

franchement, est bien incomplète, elle ne satisfera pas
les admirateurs, et ils sont nombreux, de Jeanne de
Jussie.

—

Comme d'autres à la peinture, bien des pages de ce
volume prêteraient à la poésie; ouvrons-le. Le monastère de Saint-Victor est entièrement abattu, avec tout
le prieuré : « Je ne sçay bonnement où il fut dit que
« une espace de temps, quand on passoit par là qu'on
« entendoit les pauvres trespassez se plaindre, et
« lamenter manifestement jour et nuict, *dont c'estoit*
« *chose grandement piteuse*, et non sans cause : car
« plusieurs personnes y estoient enterrez, parce que
« c'estoit la plus ancienne Eglise de Genève, et estoit
« une des sept Parroisses, avec le Prieuré de Saint-
« Benoist [1]. »
Ainsi s'exprime Jeanne de Jussie, et ailleurs :
« Un bon Chrestien se trouva en une Eglise que les
« Heretiques pilloient, et tout expres se print garde
« qu'ils feroient du S. Sacrement : ils rompirent le
« Cyboire et prindent la Custode, et ietterent l'Hos-
« tie sacrée à terre dans le Cimetiere, en desdain et
« mespris. Et quand ils se furent departis de là, ce
« bon Chrestien va regarder la place où il leur avoit
« veu ietter l'Hostie sacrée, pour la couvrir d'un linge
« par grande devotion, jusqu'à ce qu'il l'eust fait
« lever par quelque Prestre : mais il ne la vit depuis,
« et ne la trouva point; et affermoit ce bon et devot

[1] *Levain du Calvinisme,* p. 93.

« Chrestien, qu'il croyoit fermement que les Anges
« l'avoient levée de ce lieu, et colloquée en lieu sainct
« à nous incogneu [1]. »

Ailleurs encore, car les tristes scènes de cette nature
se renouvelaient tous les jours :

« Il y eut entre les autres un meschant et pervers
« enfant de la ville nommé Jean Goulle, qui print la
« sacre Hostie du precieux Corps de Jesus Christ, et
« la porta en la gorge de son cheval, qui menoit la
« charrette ; mais incontinent par le vouloir de Dieu,
« la souffla de ses narines, en se reculant comme s'il
« eust eu craincte.

« Ce meschant garçon courut au lieu où il l'avoit
« veu tomber, pour la prendre et la donner derechef
« à son cheval ; mais il ne la trouva point à terre
« comme il pensoit ; c'estoit pour monstrer qu'il n'y
« avoit lieu digne pour se reposer. Et ce meschant et
« desloyal s'efforçoit de la prendre, mais soudainement
« fust esvanouye devant ses yeux, et tous les assis-
« tans y estoient en grand nombre (ainsi qu'il m'a
« esté rapporté par un homme de bien, qui m'afferma
« estre vray, sur sa foy de bon Chrestien) et plusieurs
« autres le racontèrent en ceste maniere [2]. »

Ces passages et d'autres, qui ne sont pas rares dans
le livre de la fille de Sainte-Claire, prêteraient admirablement à la poésie et, sous la plume d'un maître,
feraient ressortir encore mieux le mérite de l'original.

Le récit de Jeanne de Jussie nous donne çà et là
quelques exemples des richesses artistiques qui furent

[1] *Levain du Calvinisme*, p. 23.
[2] *Id.*, p. 100.

détruites alors dans Genève; on sent que son cœur
se serre en racontant les hauts faits des novateurs
dont elle ne nous signale qu'une faible partie. Cependant les détails que son volume renferme nous permettent aisément d'affirmer qu'elle était très versée
dans tout ce qui avait trait aux beaux-arts, qu'elle
en sentait la valeur, le mérite, et que, dans ces œuvres
abondantes de peinture et de sculpture, que possédait l'ancienne Genève, qu'anéantit en quelques jours
l'aveugle fureur des révolutions, il y avait pour elle,
au point de vue de l'appréciation délicate, intelligente
et de la fine critique, des degrés et des nuances. Ces
degrés et ces nuances sont en quelque sorte empreints
dans son style, ils se réflètent dans la transparence de
sa narration, ils nous laissent apercevoir, deviner la
douleur qu'elle éprouvait, à la vue de cesruines ac-
cumulées, et cette tristesse d'autant plus profonde
qu'elle était contenue, qu'elle n'avait rien d'outré, et
qu'elle aurait pu se manifester davantage encore.

Sa sympathie très grande pour la ville du Léman
n'a d'ailleurs rien d'égoïste, rien d'étroit ; les ravages
que fait, comme un torrent débordé, l'impitoyable
rudesse, devenue proverbiale, des Bernois, la touchent
à distance, et lui causent la même tristesse, la même
douleur.

Ce sentiment de regret, elle le traduit avec un talent
véritable, avec âme, comme nous disons encore de nos
jours ; cette chaleur vivante, cette poitrine qui bat
fortement, donnent au *Levain du Calvinisme* un
attrait tout particulier que ne parviendront jamais à
atteindre les natures glacées ou froides, sceptiques,

indifférentes ou railleuses. C'est là, il faut le dire, un des caractères saillants de l'œuvre, que nous a laissée — ou plutôt qu'a laissée à ses compagnes, — la jeune religieuse du XVIᵉ siècle.

Souvent, pour mieux faire saisir sa pensée, elle emploie la même épithète. Ce sont *les belles croix de pierre, les belles sculptures, les belles portraitures, les beaux et excellents ouvrages, les belles images,* en un mot, une richesse artistique des plus précieuses. d'un prix inestimable, qui est détruite, vilipendée, brisée, brûlée, jetée à la voirie. Nombre d'objets d'art, d'une grande valeur, furent lancés dans le puits profond des sœurs de Sainte-Claire, à l'entrée du couvent, sous les yeux de Jeanne de Jussie et de ses compagnes *qui en étoient grandement fâchées.*

Quelquefois, pour donner une idée plus élevée encore des objets d'art dont elle parle, Jeanne de Jussie emploie d'autres épithètes ; elle parle tour à tour d'une chapelle qui était *tant belle,* d'une image de Notre-Dame, *entaillée de pierres d'albâtre,* qui se trouvait dans la chapelle de la reine de Chypre et qui était grande, *excellemment belle.*

Dans un autre passage, il est question d'un crucifix *d'une merveilleuse beauté et pitoyable à regarder ;* ailleurs encore, d'un crucifix *merveilleusement beau.*

Bref, elle s'efforce, pour mieux faire comprendre ce qu'étaient ces objets d'art, ces trésors qui n'existent plus qu'en souvenir, d'employer des expressions qui en fassent mieux sentir le prix, qui traduisent, mieux et d'une manière plus nette, le fond de sa pensée.

L'ensemble de son livre atteste évidemment des

connaissances fort étendues, en fait de beaux-arts, et la place, sous ce rapport aussi, bien au-dessus de la plupart de ses contemporains ; dans ce domaine exquis, elle fut également une femme d'une rare distinction.

Pour nous, en lisant ce volume qui respire un talent si réel, où se montre une si belle âme, nous ne pouvons qu'à peine entrevoir l'étendue des pertes qui furent faites à Genève dans les beaux-arts, au milieu des convulsions de cette époque orageuse.

Le livre de Jeanne de Jussie permettrait, à lui seul, de dresser un catalogue qui, tout incomplet, tout écourté qu'il serait, présenterait néanmoins le plus vif intérêt.

Ajoutons que les sœurs de Sainte-Claire durent perdre tous leurs meubles *qui étoient de grande estime, tant de l'Eglise qu'autres*, et qu'une seule d'entre elles, Blaisine, déserta son drapeau.

Elle devint *la pauvre apostate* et poussa âprement au pillage du monastère.

—

Tandis que les auteurs recherchent d'ordinaire avec empressement la publicité, la renommée, Jeanne de Jussie est devenue un écrivain de mérite, sans jamais en avoir eu la moindre idée, sans avoir pu penser que son œuvre serait imprimée un jour ; on voit, par les pages qui précèdent, combien son livre, caché pendant des années dans la solitude, est cependant remarquable à divers égards. Il en a été souvent question, on a souvent parlé des sœurs de Sainte-Claire.

Leur vie humble et modeste, leur moralité exemplaire, leur bon renom, leur courage, leur destinée, en
un mot, qui devait s'écouler dans l'oubli, dans la
retraite, dans la prière, et qui a eu, d'une manière
inattendue, son côté dramatique, tout éveille d'ailleurs l'attention sur elles ; leur existence touche à la
fois à deux époques saillantes des temps modernes, à
la réformation du xvie siècle et à la grande révolution
du siècle dernier.

Cette *petite ruche*, qui n'avait d'autre ambition,
d'autre souci que de *cueillir le miel sur les célestes
collines*, a donc eu, à certains égards, une vie exté-
rieure ; elle n'a point passé absolument inaperçue et
sans laisser quelques souvenirs.

L'un des plus curieux assurément est, sans contre-
dit, le fait — que j'ai déjà rappelé — des rapports
qu'eurent, dans le xviiie siècle, les sœurs de Sainte-
Claire avec les magnifiques seigneurs de la cité calviniste qui, jusqu'à la conquête française, en 1798,
refusait toute liberté de conscience aux autres et ne
tolérait, dans toute l'étendue de son petit territoire,
l'exercice d'aucun culte différent du sien. *Ce ne fut
en effet,* comme l'a observé l'un des hommes d'Etat
qui ont le plus marqué dans Genève, depuis Calvin,
*que lors de la réunion de cette ville à la France,
que la liberté religieuse y fit son entrée* [1] ; mais les
sœurs de Sainte-Claire gardaient soigneusement leur
titre de *réfugiées de Genève* et elles se souvenaient,
malgré tout, avec persévérance de la promesse qu'elles

---

[1] M. JAMES FAZY, *Chronique radicale*, numéro du 1" février 1870.

avaient faite, en 1535, *de vivre et de mourir.... en priant le Seigneur pour la paix et conservation de ceste noble cité* [1].

Ce que l'on conçoit moins, c'est l'espèce de frayeur qu'elles inspirèrent, longtemps encore après leur départ de Genève, au Consistoire réformé de cette ville, dont la police, excessivement méticuleuse, était des plus tracassières, dont les mesures inquisitoriales respectaient fort peu la liberté individuelle. Il surveillait de près les moindres démarches et s'efforçait de surprendre et de punir, notamment dans le seizième siècle, les témoignages de sympathie qui leur étaient adressés ; on allait jusqu'à faire d'elles des espèces de monstres païens qui avaient cessé d'être des femmes ; elles étaient les *moynes de Sainte-Claire (sic)*.

On refuse, par exemple, la cène à Lucrèce Curtet, que les registres du Consistoire nous représentent comme *fort obstinée* et qui était allé *faire chanter des messes à Annecy, vers les moynes de Sainte-Claire ;* c'était un crime impardonnable. Lucrèce Curtet s'en tira toutefois à bon marché ; elle fut condamnée à subir les remontrances d'un ministre *tous les jours de sermon* [2]. D'autres, pour des méfaits semblables, subirent une peine infiniment plus forte.

—

Lorsque le président Favre fut appelé à de hautes fonctions qui l'éloignèrent de la *ville florimontane*

---

[1] *Levain du Calvinisme*, p. 13.

[2] *Œuvres de Calvin. Edition Baum, Cunitz et Reuss.* Tome XXI, p. 387.

et le séparèrent *du plus aimable des saints*, de celui
auquel il donnait le nom de *frère*, saint François de
Sales habita la maison de l'illustre jurisconsulte, voisine de l'Eglise de Sainte-Claire ; les *pauvres réfugiées de Genève* eurent ainsi la chance heureuse de
voir, d'entendre souvent ce grand prélat et de s'ins-
pirer de plus en plus de son esprit.

Il parle d'elles avec éloge, dans sa correspondance,
il les appelle les *bonnes sœurs de Sainte-Claire* [1] ;
c'est dans leur église qu'il consacrait et ordonnait ses
prêtres. Une publication récente donne à cet égard
des détails précieux, jusqu'alors peu connus [2]. Saint
François de Sales déclare, dans une des lettres dont je
viens de parler, qu'elles avaient éprouvé *tout ce que
l'extrême pauvreté entraîne de misères après elle.*

Elles ne vivaient point sous sa juridiction ; il n'en
admirait pas moins leurs vertus modestes et persé-
vérantes, leurs patientes souffrances, leur dévouement
à toute épreuve. Malheureuses elles-mêmes, elles
étaient prêtes toujours à se sacrifier pour le malheur;
c'est ainsi, pour n'en citer qu'un exemple, qu'à une
époque où une multitude de pauvres inondait les
rues d'Annecy, elles consentirent, en bravant mille
dangers de contagion, à *laisser réduire* et à soigner
dans leur monastère tous ceux de ces infortunés qu'il
put contenir [3]. Rappeler de près leur histoire, à ce
point de vue, nous mènerait fort loin.

---

[1] Lettres des 11 août 1616 et 17 septembre 1617. *Migne.* Tome V,
p. 1024, 1066, 1067.

[2] L. BOUCHAGE. *Notes historiques sur saint François de Sales.* Annecy,
1880. *Passim.*

[3] J. MERCIER. *Souvenirs historiques d'Annecy,* 1880, p. 224.

Aussi une grande sympathie se manifestait-elle généralement pour les sœurs de Sainte-Claire ; elle s'expliquait très-bien par leur naturel simple et avenant, par leur charité profonde, par la délicatesse de leurs manières, par cette noblesse d'esprit qui les distinguait et qui est, suivant un grand prélat, plus glorieuse que celle du sang [1].

Quoiqu'elles vécussent de très peu, leurs modestes ressources étaient insuffisantes, et, chaque année, elles envoyaient quelques-unes des leurs quêter dans différentes villes, même assez loin, entre autres à Paris. Ce pèlerinage se prolongea, d'une manière suivie, jusqu'à la révolution ; entourées d'un bon renom, elles étaient partout bien accueillies.

Une tradition constante, longtemps de notoriété publique à Annecy, nous apprend qu'elles trouvaient asile et hospitalité dans plus d'une famille de la capitale. C'est ainsi qu'elles eurent l'occasion de connaître un poète de premier ordre, un observateur sagace et spirituel, un des plus profonds penseurs des temps modernes, Molière. Les deux religieuses, qui l'assistèrent à sa dernière heure, étaient des sœurs de Sainte-Claire d'Annecy, *réfugiées de Genève ;* c'est un spectacle à la fois bien original et bien touchant, que celui de ces humbles femmes soignant, à son lit de mort, l'illustre écrivain, un de leurs bienfaiteurs, ne lui épargnant ni le dévouement de la reconnaissance, ni ces prières, affectueuses et consolantes, si douces à celui qui part. Des auteurs contemporains ont recueilli

---

[1] Fléchier, *Oraison funèbre de Montausier.*

ce souvenir intéressant et ils ont eu raison[1] ; c'est certainement l'une des pages les plus curieuses, les plus inattendues de l'existence des sœurs de Sainte-Claire.

Il ne sera peut-être point inutile, puisque une circonstance favorable me le permet, de reproduire textuellement ici une des lettres écrites à l'occasion de ces pélerinages ; elle date du dernier siècle et est adressée à des membres de la famille de Mgr Paget qui fut évêque de Genève, au moment de la Révolution. Elle nous fait connaître une abbesse du couvent de Sainte-Claire dont le nom, si je ne me trompe, n'a pas été mentionné jusqu'à ce jour par les publicistes qui ont étudié, sous ce rapport spécial, l'histoire du monastère. La voici textuellement[2] :

« A Monsieur et Madame Paget, nos très-chers père
« et mère, A Saint-Julien.

« Jésus † Maria Joseph.

« Monsieur et Madame, nos chers père et mère,

« Les obligations que nous avons à votre bonté,
« des charités qu'elle nous départ si souvent, nous
« engagent à vous en témoigner nos reconnaissances,
« vous assurant que nous le faisons devant Dieu, en
« le priant jour et nuit pour l'accomplissement de
« vos désirs et heureuse conservation, vous suppliant
« aussi de nous continuer l'honneur de vos chères
« amitiés et charités, à la quête des blés.

---

[1] Jules Philippe. *Annecy et ses environs*, 186?, p. 157, 158. — Jules Loiseleur. *Les points obscurs de la vie de Molière*. Paris, 1877, p, 340, 341.

[2] Je dois cette lettre et deux autres à l'obligeance de M. César Duval, maire de Saint-Julien.

« En nous le promettant de vos aimables personnes,
« nous demeurons véritablement, Monsieur et Ma-
« dame, vos pauvres, très-humbles et obligées ser-
« vantes en notre seigneur.

« Sœur MARIE M. DE GROLÉE, abbesse.
« De Sainte-Claire de Genève, réfugiée à Annecy. »
(Sans date.) [1].

———

Si la lettre qui précède comble une lacune dans la
suite des abbesses de Sainte-Claire, des recherches
récentes comblent d'autres lacunes, et de plus impor-
tantes, dans l'histoire de leur monastère.

Voici d'abord trois pièces inconnues jusqu'à ces
derniers temps et qui n'ont été publiées qu'en l'année
1880 [2]; elles ont suivi de près l'intéressant mémoire
de l'honorable directeur des archives de Genève et
donné tort, ainsi que d'autres, à ses prédictions par
trop pessimistes [3].

[1] Marie Magdelaine de Grolée, décédée à Annecy le 11 mars 1714.

[2] FLEURY. *Histoire de l'Eglise de Genève*. Genève, 1880. Tome I, p. 449 et suivantes.

[3] *Mémoires de la Société d'Histoire de Genève*. Tome XX, p. 119 et suivantes. « Bien qu'au dire de Jeanne de Jussie, les sœurs, au moment de « quitter leur monastère, « ne prindrent rien que leur bréviaire, soubs leur « bras, et le plus léger vestement que pouvoient, » il faut admettre qu'elles « emportèrent aussi, ou qu'elles avoient déjà mis en lieu sûr, les archives « de la communauté. Précaution malheureuse ! Ces parchemins eussent été « plus en sûreté dans la capitale de « l'hérésie » que dans la ville fidèle « où se rendaient les fugitives. Le couvent d'Annecy ayant été supprimé « à l'époque de la révolution française, ses archives furent brûlées : on « peut supposer avec vraisemblance que, laissées à Genève, elles y exis- « teraient encore.

« Quoi qu'il en soit, *une pièce au moins a échappé à la destruction com-* « *mune.* » Ces lignes de M. Th. Dufour laissaient peu d'espoir de compléter avec le temps l'histoire des sœurs de Sainte-Claire.

La première de ces pièces porte la date du 5 décembre 1473; c'est une donation faite par le comte François de Gruyère, maréchal de Savoie, à la princesse Yolande, duchesse de Savoie, sœur du roi de France. Il est rappelé, dans cet acte, que le comte de Gruyère possède à Genève, rue Verdaine, une maison qui est confinée, du vent par les hoirs de Pierre Fontana, du nord par celle de spectable Louis de Genost, de face par la rue Verdaine, du côté opposé par des jardins appartenant l'un à Louis du Soujet, et l'autre au comte de Gruyère lui-même.

La duchesse Yolande désirant établir dans cet immeuble un monastère des sœurs de Sainte-Claire, de la réformation de Sainte-Colette, a manifesté le désir d'acheter l'immeuble, mais le comte de Gruyère, dans des intentions pieuses et surtout par dévotion spéciale à saint François, son patron, en fait donation à la princesse, aux fins qui viennent d'être indiquées.

Le recensement opéré à Genève, à l'époque des guerres de Bourgogne, c'est-à-dire à une époque très rapprochée de celle qui précède, nous apprend que cet immeuble provenait de la famille de saint Joire (*illorum de sancto Jorio* [1]); il y avait déjà alors, dans la rue Verdaine, un hôpital de Saint-Joire. Les hôpitaux et les œuvres de charité abondaient dans la ville épiscopale.

L'acte de donation dont je viens de parler était évidemment la mise à exécution d'une promesse antérieure, car l'érection du monastère de Sainte-Claire

avait été officiellement décidée, trois jours auparavant,
par la duchesse Yolande, en présence du conseil ducal
dont faisaient précisément partie le comte de Gruyère,
donateur, et Aimon de Gruyère, maître des requêtes.
Cette donation avait été autorisée par le pape Sixte IV,
l'année précédente; le couvent de Sainte-Claire a eu
ainsi une durée un peu plus longue, au moins par la
date de son érection, que celle qui lui était assignée par
quelques auteurs. C'est ce qu'établit la deuxième de
ces pièces.

La troisième contient l'acte de donation du monastère, passé, le 6 décembre 1473, par la duchesse Yolande, en présence du même conseil.

Voilà donc trois documents qui nous font connaître
l'origine du couvent, qui avaient ainsi pour les sœurs
de Sainte-Claire un intérêt tout particulier et qui devaient se trouver dans leurs archives. Ont-ils été
emportés à Annecy dans le XVIe siècle? Existaient-
ils depuis longtemps à Turin? En tout cas, ils n'ont
pas été brûlés en 1793 [1].

Au nombre des membres du conseil ducal, mentionnés dans ces deux derniers actes, figure Pierre de
Saint-Michel, chancelier de Savoie. Il était citoyen
génevois et appartenait à une famille originaire de
Genève. Il avait fait, comme d'autres Genevois dès
lors, un grand chemin dans un pays étranger. *Claire
de Saint-Michel fut une des religieuses qui moururent à Genève.* On cherche en vain son nom
dans la généalogie de la famille de Saint-Michel, pu-

---

[1] Jusqu'à présent, on ne paraît pas avoir la preuve que les titres du
couvent de Sainte-Claire aient été brûlés en 1793.

bliée par M. Galiffe père, ainsi que l'a fait remarquer M. Dufour, tout en ne nous donnant lui-même, sur cette famille, aucun renseignement. Quelques mots, en passant, ne seront donc pas inutiles.

La famille de Saint-Michel a joué autrefois un grand rôle dans Genève où elle possédait plusieurs immeubles, à Saint-Gervais *(deversus sanctum Gervasium),* dans la rue de la Poissonnière *(Rues Basses),* et dans le quartier de Rive, un des plus beaux quartiers de Genève, dans le XVe siècle; elle s'éloigna de cette ville à l'époque de la Réformation. Une partie des membres qui la composaient avait déjà quitté Genève avant cette époque.

Le fameux seigneur d'Avully, l'un des personnages les plus influents et les plus savants du Chablais, président du consistoire protestant de Thonon et dont la conversion au catholicisme eut un si grand retentissement, lors de la mission de saint François de Sales, appartenait à cette famille.

Boniface de Saint-Michel, seigneur d'Avully, au pied des Voirons *(dominus Avulliaci in terra Langini),* était le neveu du chancelier de Savoie; il fit son testament à Bonneville, le 18 septembre 1514, devant Me Jean Barral, notaire de Paconinge, en présence de François de Lucinge, seigneur d'Arenthon, de Guigues de Ravorée, seigneur de Saint-Triphon, et de plusieurs autres, dans le domicile d'égrège de Pougny, juge du Faucigny. Ce testament que MM. Galiffe père et Dufour paraissent n'avoir pas connu, nous fournit divers renseignements précieux ; je viens d'en relire une expédition officielle, au moment où j'écris ces lignes.

Il contient, entre autres, un legs de vingt-cinq florins fait, pour tous ses droits dans la succession dn testateur, en faveur de Jeanne-Claire de Saint-Michel, sa fille, religieuse dans le couvent de Sainte-Claire *(nobili Janæ Claræ ejus filiæ carissimæ religiosæ ordinis seu conventus Sanctæ Claræ civitatis Gebenn.).* Jeanne-Claire de Saint-Michel appartenait donc à une famille illustre ; elle était la petite nièce du chancelier de Savoie, Pierre de Saint-Michel.

Aux divers documents qui précèdent, je puis en ajouter encore un autre ; il est extrait d'un parchemin, en bon état, qui provient évidemment des archives de Sainte-Claire d'Annecy.

Antérieur d'environ dix ans au départ des religieuses pour Annecy, il est moins ancien que les précédents ; c'est une donation qui leur est faite par un des membres de la Chambre des comptes de Genève, noble Francois Poinset, *à raison de leur vie exemplaire de piété, de pénitence et de prière. (Considerans ut dicit vitam devocionem deprecacionesque et penitenciam venerabilium sororum religiosarum et monialium reclusarum conventus et religionis Sancte Clare seu obseruancie civitatis Gebenn.).* Noble Poinset leur donne un jardin et un petit bâtiment contigus au jardin de Sainte-Claire, confinés du levant par les remparts de Genève *(mœnia seu communia Gebenn. ex oriente),* du nord par les hoirs de Ballissioud le barbier, du couchant par les ayant-droit d'Antoine Buclin, du vent par la rue de Saint-Antoine qui conduit à la place dite *Chez Curbillon.* L'acte est passé à Genève dans la maison de Jean

Trolliet, secrétaire ducal de Savoie, le 3 juin 1525, par Pierre Neyrod, notaire, citoyen genevois. Pourquoi la minute de cet acte et d'autres du même notaire ne se trouvent-elles pas aux archives de Genève? Pourquoi n'y trouve-t-on que les minutes du notaire Neyrod des années 1529 à 1532? Je l'ignore.

Ce nouvel acte confirme donc la belle réputation qu'ont laissée les sœurs de Sainte-Claire : c'est un témoignage contemporain de la haute estime dont elles jouissaient.

Les actes qui précèdent et que je cite pour combler quelques lacunes, car ce n'est pas à ce point de vue spécial que j'étudie l'histoire du couvent de Sainte-Claire, nous permettent d'espérer que d'autres pièces, d'autres documents pourront se retrouver encore et compléter, à d'autres égards, l'histoire de cette *petite ruche*. Le registre des actes de décès du monastère, conservé par la sollicitude éclairée de feu Msr Magnin, évêque d'Annecy, a déjà réalisé en partie cette espérance ; il fournira des renseignements nouveaux, rectifiera des erreurs et ce sera une chose utile de l'imprimer en entier. Cette publication aura lieu sans doute dans un délai peu éloigné.

Ces documents divers se fussent-ils mieux conservés dans la ville du Léman? Je voudrais le désirer. Pourtant que de pièces ont disparu des archives de Genève! Et, pour me borner à deux exemples, n'a-t-on pas détruit officiellement un certain nombre de pièces, vers la fin du siècle dernier? N'est-il pas avéré, d'un autre côté, qu'en plein XIXe siècle, au moment où Genève recouvrait son indépendance, on a eu la lumi-

neuse idée de radouber des barques avec des pièces
provenant des archives de Genève ? N'a-t-on pas perdu
ainsi des documents précieux et en quel nombre ? Qui
pourra le dire? Entre autres, des papiers faisant partie
des procédures dirigées contre le syndic Blondel qui,
après avoir été acquitté, à deux reprises, fut jugé de
nouveau deux ou trois fois pour les mêmes faits et, en
définitive, condamné à mort, exécuté et roué, à la
suite d'intrigues plus ou moins ténébreuses ?

M. l'ancien premier syndic Rigaud parle dans ses
Mémoires [1], de ce radoubage qu'on a peine à avouer.
Il ajoute qu'il est d'autant plus regrettable qu'une
perte pareille ait eu lieu que l'examen de ces pièces
eût été curieux et que M. le syndic Des Arts, qui les
avait parcourues anciennement, *croyait Blondel in-
nocent et victime de préventions et d'une procédure
vicieuse.*

Le livre de Jeanne de Jussie, qui a particulièrement
attiré l'attention sur les sœurs de Sainte-Claire de
Genève, réfugiées à Annecy, présente également, à
d'autres égards, de l'intérêt, notamment au point de
vue de la langue qui se parlait à Genève et dans les
contrées *circonvoisines,* à l'époque de la Réformation ;
l'étude de la langue française se poursuit de nos jours
sur une grande échelle et ce point de vue spécial ne
saurait demeurer indifférent.

Sauf le syndic Balard, dont le journal fort instructif

____

[1] *Jean-Jacques Rigaud, ancien premier syndic de Genève,* Genève, 1880,
p. 379 et 380. — *Notice sur la vie et les travaux de J.-A. Galiffe,* Genève,
1856.

n'a pas de valeur littérairement parlant, les autres
écrivains génevois de cette époque, Fromment, Bonivard, etc., n'avaient pas habité Genève dans leur
enfance et ne peuvent par conséquent reproduire dans
leur style, aussi fidèlement que Jeanne de Jussie, le
caractère original de la langue qu'on y parlait alors.
Il y aurait là matière à un sujet d'étude que j'effleure
à peine, en citant textuellement un seul passage du
volume de la jeune religieuse.

On lit, dans le *Levain du Calvinisme,* à propos de
l'arrivée des sœurs de Sainte-Claire à Annecy, les lignes suivantes :

« Noble Ancelin de Ponvoire, seigneur de Chave-
« roche, qui les attendoit devant la maison avec grande
« Noblesse, et tout premier adressa son salut en cour-
« roux à Monsieur le Juge, disant qu'il avoit trop tardé,
« et qu'il n'estoit pas heure convenable pour faire en-
« trer de telles Dames en ville de Prince. Puis pour la
« premiere va *appeller Sœur Pernette de Chasteau*
« *Fort ma Maistresse où estes vous ?* autresfois
« vous m'avez tenu en vostre subiection, or mainte-
« nant vous estes à ma mercy : et en disant la descen-
« dit, et l'embrassa tendrement en pleurant : car il
« l'aymoit d'amour cordial, et disoit qu'elle estoit
« cause de son bien : car estant Page de Monsieur de
« Chasteau Fort, elle luy remonstroit ses légéretez,
« de quoy luy sçavoit très bon gré : il avoit espousé sa
« cousine germaine, fille de Monsieur S. Andrieu,
« noble Gabrielle de Viry, qui estoit là presente pour
« les recevoir [1]. »

[1] *Levain du Calvinisme,* p. 208 et 209.

Que signifie dans ce passage l'expression de *maî-tresse?* Le président Favre disait : *ma maîtresse,* en parlant de sa femme et il employait ce mot dans un sens qu'indique M. Littré : « Maîtresse de maison, la « dame qui, à titre d'épouse, parente ou autre, dirige « ma maison. »

Dans le livre de Jeanne de Jussie, l'expression de maîtresse a une autre signification : c'est la dame qui, lorsqu'un jeune homme entrait dans le monde, se cons-tituait en quelque sorte sa protectrice, lui donnait des directions, lui *remontrait ses légèretés,* en d'autres termes, s'intéressait particulièrement à lui et lui si-gnalait ses défauts ; à ce titre, elle exerçait sur lui un véritable empire.

Bien après Jeanne de Jussie, la Philothée de saint François de Sales, Madame de Charmoisy, l'employait dans le même sens ; c'est une signification que ce mot, si je ne me trompe, a complètement perdue de nos jours.

Sous le rapport de la langue, et sans m'arrêter à d'autres expressions spéciales, le livre de Jeanne de Jussie pourrait donner lieu à une étude instructive. Il est à regretter que, dans un dictionnaire récent, remarquable à tant d'égards et qui constitue une œu-vre immense, d'un haut mérite, on n'ait pas étudié de beaucoup plus près quelques anciens écrivains de la Suisse française et de la Savoie, Jeanne de Jussie, saint François de Sales et plusieurs autres qu'il serait facile de citer. Dans ce champ de la littérature romande qui n'a pas encore été suffisamment exploré jusqu'à nos jours, on aurait fait, je n'en doute point, une ample moisson. Celui qui entreprendra ce travail pour Jeanne de Jussie, qui le poursuivra d'une manière persévérante et l'exécutera avec science et talent, rendra un véritable service à l'étude de notre langue, en même temps qu'à l'histoire de nos contrées.

—

Le *Levain du Calvinisme* a été imprimé, à deux reprises au moins, à Chambéry, dans la première moitié du XVIIe siècle. Comme je l'ai dit plus haut, l'une de ces éditions est sans date ; elle a paru chez Geoffroy Dufour, celui des frères Dufour qui a obtenu le plus anciennement, du duc de Savoie, le titre « d'imprimeur de Son Altesse [1]. » L'autre a été imprimé chez les frères Dufour et porte la date de 1611. Cette dernière édition est celle qui a été reproduite par MM. Gustave Revilliod et Jullien frères.

Plusieurs auteurs prétendent qu'il y a eu d'autres éditions de ce livre dans la première moitié du XVIIe siècle ou même dans le XVIe siècle [2] ; mais ils sont loin d'être d'accord entre eux et leurs dires respectifs sont plus ou moins contradictoires. Jusqu'à ce jour, ces allégations diverses n'ont pas été établies d'une manière sûre.

On paraît généralement admettre que l'édition de 1611 est la première ; il se pourrait cependant qu'elles

---

[1] DUFOUR et RABUT. *L'Imprimerie, les Imprimeurs et les Libraires en Savoie*, Chambéry, 1877, p. 74 et suiv.

[2] Voir notamment BESSON. *Mémoires pour l'histoire ecclésiastique*, etc., p. 124. — GRILLET. *Dictionnaire historique*, tome Ier, p. 282. — SENEBIER. *Histoire littéraire de Genève*, tome Ier, p. 92 et 169. — MICHAUD. *Biographie*, tome XL, p. 94, et plusieurs autres.

eussent été imprimées toutes deux à peu près en même temps et qu'on ait fait subir, à l'une et à l'autre, quelques modifications qui aient changé, dans certains détails, la physionomie du manuscrit original.

On doit à l'historien Saint-Réal une autre édition publiée en style plus moderne [1] et qui est loin d'être sans mérite ; dans l'adresse du *libraire au lecteur,* il est dit que l'édition première et *quelques autres qui se firent presque en même temps,* sont *remplies de tant de fautes différentes, soit par la négligence des copistes, soit par celle des imprimeurs* que l'ouvrage est demeuré presque inconnu jusqu'alors ; il sous entend sans doute *inconnu en France.*

En tout cas, une édition critique, dans laquelle seraient reproduites toutes les variantes, même celles que renferme la publication de Saint-Réal, aurait une véritable utilité et serait certainement accueillie avec faveur. Il s'agit d'un livre qui a de l'importance, à divers titres. Cette édition devrait être accompagnée de tous les documents qui, soit dans les annales de Genève ou dans ses archives, soit ailleurs, ont directement trait à l'ouvrage de la religieuse de Sainte-Claire. Si on pouvait parvenir à retrouver, pour le publier en même temps, le récit que, sur le moment même et dans la pleine fraîcheur de ses impressions, Jeanne de Jussie adressa au duc Charles III de Savoie et à son épouse Béatrix de Portugal, ce serait offrir au public, comme un trésor inattendu, un complément des plus précieux.

---

[1] *Relation de l'apostasie de Geneue par sœur Jeanne de Jussie.* A Paris, chez Réné Guinard, MDCLXXXII.

Un travail de cette nature mériterait de tenter l'ardeur d'un ami des lettres et de l'histoire. Pour être exécuté d'une manière satisfaisante, avec maturité et talent, il nécessiterait d'assez grandes recherches, il présenterait plus de difficultés qu'on ne le suppose au premier abord.

On peut affirmer presque avec assurance, par exemple, que, dans les premières éditions de Jeanne de Jussie, certains passages qui contrarient la belle disposition de l'ensemble et l'harmonie de cette œuvre remarquable, ont été intercalés après coup; on s'en aperçoit sans peine. Il suffit, pour le prouver, de citer celui qui a trait au Grand Turc et ce n'est pas le seul.

Il y a aussi une ou deux transpositions qui ne frappent pas toujours à première vue et qui sont évidentes. Que l'on veuille bien, pour s'en convaincre, comparer les lignes suivantes à la rectification qui est en note; elles sont empruntées à l'édition sans date [1] et ont trait au meurtre d'un chanoine :

« Vn meschant traistre luy mit son espee par le
« fondement et luy fourra tout au travers du corps,
« de sorte qu'il tomba mort, comme martyr sacrifié à
« Dieu.

« Ce Dimanche on faisoit la solemnité du precieux
« Sainct Suayre, et pour ce qu'il estoit homme fort
« deuot, bien sçauant, et bon chantre, Monsieur le
« Vicaire General luy fit faire l'office toute la iournée,
« et chacun disoit qu'il n'y auoit au monde un tel
« Officier, et que de dix ans n'auoient veu faire vn si

___

[1] *Levain du Calvinisme,* p. 62.

« beau office a Geneue. *Quand ce meschant coup fut*
« *fait, ils le laisserent en la place, et y demeura*
« *jusques au lendemain neuf heures du matin* [1]. »

Cette transposition est due sans doute ou à des copies défectueuses ou au fait que l'original contenait un
renvoi qui n'a pas été inséré à la place convenable.

L'étude des manuscrits de Jeanne de Jussie n'a pas
été abordée jusqu'à ce jour; c'est un travail critique
et nouveau qui reste encore à faire. Il est vivement à
désirer qu'une étude pareille soit entreprise par un
homme capable à la fois au point de vue littéraire et
au point de vue historique, par un homme de goût
qui soit en même temps un homme de science. Celui
qui s'acquittera dignement de cette tâche et qui l'exécutera avec talent, rendra un service signalé à la
Savoie et à Genève, aussi bien qu'aux lettres françaises.

1880.

Post scriptum. A la dernière heure, je reçois copie
de trois nouvelles lettres qui prouvent de plus en plus
la grande pauvreté des Clarisses d'Annecy : l'une,

---

[1] Les réimpressions récentes étant faites d'après l'édition de 1611, on
pourra les comparer, pour le style, avec celui de l'édition sans date. La
transposition que je rectifie est d'ailleurs la même dans les deux éditions.
Il faut lire :

« Vn meschant traistre luy mit son espee par le fondement et luy fourra
« tout au trauers du corps, de sorte qu'il tomba mort, comme martyr
« sacrifié à Dieu. *Quand ce meschant coup fut fait, ils le laisserent en la*
« *place, et y demeura jusques au lendemain neuf heures du matin.*
« Ce dimanche on faisoit la solemnité du précieux Sainct Suayre....., »

sans date, de la religieuse *Marie Latour,* son orthographe est des plus *fantaisistes.* La seconde, du 3 no-
vembre 1646, est signée « sœur *Georgine Des Clefs,*
humble abbesse ; » la troisième, du 23 décembre 1779,
signée « sœur *Marie-Rose Guillermin,* abbesse, et
mes sœurs religieuses, » est suivie d'un reçu du 2
février 1780.

Le *Levain du Calvinisme* porte que les sœurs sor-
tirent de Genève le *lundi, jour de saint Félix, le 29
d'août 1535.* Ces trois indications sont contradictoires ;
il est dit, dans d'autres passages, que le lendemain de
leur sortie était le trente-un août.

Mai 1881.

Extrait de la *Revue Savoisienne.*

www.ingramcontent.com/pod-product-compliance
Ingram Content Group UK Ltd.
Pitfield, Milton Keynes, MK11 3LW, UK
UKHW021001220726
13924UKWH00002B/821